Celebrating

_____

on

_____

at

_____

guest

address/email

message

guest

address/email

message

guest

address/email

message

guest

address/email

message

guest

address/email

message

guest

address/email

message

guest

_____

address/email

_____

_____

_____

guest

_____

address/email

_____

_____

_____

guest

_____

address/email

_____

_____

_____

message

_____

_____

_____

_____

message

_____

_____

_____

_____

message

_____

_____

_____

_____

guest

_____

address/email

_____
_____
_____

message

_____
_____
_____
_____

guest

_____

address/email

_____
_____
_____

message

_____
_____
_____
_____

guest

_____

address/email

_____
_____
_____

message

_____
_____
_____
_____

guest

_____

address/email

_____

_____

_____

guest

_____

address/email

_____

_____

_____

guest

_____

address/email

_____

_____

_____

message

_____

_____

_____

_____

message

_____

_____

_____

_____

message

_____

_____

_____

_____

guest

_____

address/email

_____

_____

message

_____

_____

_____

guest

_____

address/email

_____

_____

message

_____

_____

_____

guest

_____

address/email

_____

_____

message

_____

_____

_____

guest

address/email

message

guest

address/email

message

guest

address/email

message

guest

_____

address/email

_____
_____
_____

message

_____
_____
_____
_____

guest

_____

address/email

_____
_____
_____

message

_____
_____
_____
_____

guest

_____

address/email

_____
_____
_____

message

_____
_____
_____
_____

guest   *message*

_____   _____

address/email

_____   _____

_____   _____

_____   _____

guest   *message*

_____   _____

address/email

_____   _____

_____   _____

_____   _____

guest   *message*

_____   _____

address/email

_____   _____

_____   _____

_____   _____

guest

_____

address/email

_____
_____

message

_____
_____
_____

guest

_____

address/email

_____
_____

message

_____
_____
_____

guest

_____

address/email

_____
_____

message

_____
_____
_____

guest

_____

address/email

_____

_____

_____

message

_____

_____

_____

_____

guest

_____

address/email

_____

_____

_____

message

_____

_____

_____

_____

guest

_____

address/email

_____

_____

_____

message

_____

_____

_____

_____

guest

_____

address/email

_____

_____

message

_____

_____

_____

guest

_____

address/email

_____

_____

message

_____

_____

_____

guest

_____

address/email

_____

_____

message

_____

_____

_____

guest

_____

address/email

_____
_____
_____

message

_____
_____
_____
_____

guest

_____

address/email

_____
_____
_____

message

_____
_____
_____
_____

guest

_____

address/email

_____
_____
_____

message

_____
_____
_____
_____

guest

_____

address/email

_____

_____

message

_____

_____

_____

guest

_____

address/email

_____

_____

message

_____

_____

_____

guest

_____

address/email

_____

_____

message

_____

_____

_____

guest   *message*

_____   _____

address/email

_____   _____

_____   _____

_____   _____

guest   *message*

_____   _____

address/email

_____   _____

_____   _____

_____   _____

guest   *message*

_____   _____

address/email

_____   _____

_____   _____

_____   _____

guest

_____

address/email

_____
_____
_____

guest

_____

address/email

_____
_____
_____

guest

_____

address/email

_____
_____
_____

message

_____
_____
_____
_____

message

_____
_____
_____
_____

message

_____
_____
_____
_____

guest

_____

address/email

_____

_____

message

_____

_____

_____

guest

_____

address/email

_____

_____

message

_____

_____

_____

guest

_____

address/email

_____

_____

message

_____

_____

_____

guest

address/email

message

guest

address/email

message

guest

address/email

message

guest	*message*
address/email

guest	*message*
address/email

guest	*message*
address/email

guest

_____

address/email

_____

_____

_____

message

_____

_____

_____

_____

guest

_____

address/email

_____

_____

_____

message

_____

_____

_____

_____

guest

_____

address/email

_____

_____

_____

message

_____

_____

_____

_____

guest   *message*

_____   _____

address/email   _____

_____   _____

_____   _____

_____   _____

guest   *message*

_____   _____

address/email   _____

_____   _____

_____   _____

_____   _____

guest   *message*

_____   _____

address/email   _____

_____   _____

_____   _____

_____   _____

guest

address/email

message

guest

address/email

message

guest

address/email

message

guest

_____

address/email

_____
_____
_____

message

_____
_____
_____
_____

guest

_____

address/email

_____
_____
_____

message

_____
_____
_____
_____

guest

_____

address/email

_____
_____
_____

message

_____
_____
_____
_____

guest

_____

address/email

_____
_____
_____

message

_____
_____
_____
_____

guest

_____

address/email

_____
_____
_____

message

_____
_____
_____
_____

guest

_____

address/email

_____
_____
_____

message

_____
_____
_____
_____

guest   *message*

_____   _____

address/email

_____   _____

_____   _____

_____   _____

guest   *message*

_____   _____

address/email

_____   _____

_____   _____

_____   _____

guest   *message*

_____   _____

address/email

_____   _____

_____   _____

_____   _____

guest

address/email

message

guest

address/email

message

guest

address/email

message

guest

_____

address/email

_____
_____
_____

message

_____
_____
_____
_____

guest

_____

address/email

_____
_____
_____

message

_____
_____
_____
_____

guest

_____

address/email

_____
_____
_____

message

_____
_____
_____
_____

guest

_____

address/email

_____

_____

message

_____

_____

_____

guest

_____

address/email

_____

_____

message

_____

_____

_____

guest

_____

address/email

_____

_____

message

_____

_____

_____

guest

_____

address/email

_____

_____

_____

guest

_____

address/email

_____

_____

_____

guest

_____

address/email

_____

_____

_____

message

_____

_____

_____

_____

message

_____

_____

_____

_____

message

_____

_____

_____

_____

guest

address/email

message

guest

address/email

message

guest

address/email

message

guest

address/email

_____

_____

_____

message

_____

_____

_____

_____

guest

address/email

_____

_____

_____

message

_____

_____

_____

_____

guest

address/email

_____

_____

_____

message

_____

_____

_____

_____

guest	message
_____	_____
address/email	_____
_____	_____
_____	_____

guest	message
_____	_____
address/email	_____
_____	_____
_____	_____

guest	message
_____	_____
address/email	_____
_____	_____
_____	_____

guest

address/email

message

guest

address/email

message

guest

address/email

message

guest

_____

address/email

_____

_____

message

_____

_____

_____

guest

_____

address/email

_____

_____

message

_____

_____

_____

guest

_____

address/email

_____

_____

message

_____

_____

_____

guest

_____

address/email

_____

_____

_____

guest

_____

address/email

_____

_____

_____

guest

_____

address/email

_____

_____

_____

message

_____

_____

_____

_____

message

_____

_____

_____

_____

message

_____

_____

_____

_____

guest

_____

address/email
_____
_____
_____

guest

_____

address/email
_____
_____
_____

guest

_____

address/email
_____
_____
_____

message
_____
_____
_____
_____
_____

message
_____
_____
_____
_____
_____

message
_____
_____
_____
_____
_____

guest

_____

address/email

_____
_____
_____

guest

_____

address/email

_____
_____
_____

guest

_____

address/email

_____
_____
_____

message

_____
_____
_____
_____

message

_____
_____
_____
_____

message

_____
_____
_____
_____

guest

_____

address/email

_____
_____
_____

message

_____
_____
_____
_____

guest

_____

address/email

_____
_____
_____

message

_____
_____
_____
_____

guest

_____

address/email

_____
_____
_____

message

_____
_____
_____
_____

guest

_____

address/email

_____

_____

_____

guest

_____

address/email

_____

_____

_____

guest

_____

address/email

_____

_____

_____

message

_____

_____

_____

_____

message

_____

_____

_____

_____

message

_____

_____

_____

_____

guest

address/email

message

guest

address/email

message

guest

address/email

message

guest

_____

address/email

_____
_____
_____

guest

_____

address/email

_____
_____
_____

guest

_____

address/email

_____
_____
_____

message

_____
_____
_____
_____

message

_____
_____
_____
_____

message

_____
_____
_____
_____

guest	message
_____	_____
address/email	_____
_____	_____
_____	_____

guest	message
_____	_____
address/email	_____
_____	_____
_____	_____

guest	message
_____	_____
address/email	_____
_____	_____
_____	_____

guest

_____

address/email

_____

_____

_____

guest

_____

address/email

_____

_____

_____

guest

_____

address/email

_____

_____

_____

message

_____

_____

_____

_____

message

_____

_____

_____

_____

message

_____

_____

_____

_____

guest

_____

address/email

_____
_____
_____

message

_____
_____
_____
_____

guest

_____

address/email

_____
_____
_____

message

_____
_____
_____
_____

guest

_____

address/email

_____
_____
_____

message

_____
_____
_____
_____

guest

_____

address/email

_____

_____

_____

message

_____

_____

_____

_____

guest

_____

address/email

_____

_____

_____

message

_____

_____

_____

_____

guest

_____

address/email

_____

_____

_____

message

_____

_____

_____

_____

guest

_____

address/email

_____

_____

message

_____

_____

_____

guest

_____

address/email

_____

_____

message

_____

_____

_____

guest

_____

address/email

_____

_____

message

_____

_____

_____

guest

_____

address/email

_____

_____

_____

message

_____

_____

_____

_____

guest

_____

address/email

_____

_____

_____

message

_____

_____

_____

_____

guest

_____

address/email

_____

_____

_____

message

_____

_____

_____

_____

guest

_____

address/email

_____
_____

guest

_____

address/email

_____
_____

guest

_____

address/email

_____
_____
_____

message

_____
_____
_____
_____

message

_____
_____
_____
_____

message

_____
_____
_____
_____

guest

_____

address/email

_____

_____

_____

message

_____

_____

_____

_____

guest

_____

address/email

_____

_____

_____

message

_____

_____

_____

_____

guest

_____

address/email

_____

_____

_____

message

_____

_____

_____

_____

guest

address/email

message

guest

address/email

message

guest

address/email

message

guest

_____

address/email

_____
_____
_____

message

_____
_____
_____
_____

guest

_____

address/email

_____
_____
_____

message

_____
_____
_____
_____

guest

_____

address/email

_____
_____
_____

message

_____
_____
_____
_____

guest

_____
address/email
_____
_____
_____

guest

_____
address/email
_____
_____
_____

guest

_____
address/email
_____
_____
_____

message

_____
_____
_____
_____

message

_____
_____
_____
_____

message

_____
_____
_____
_____

guest

_____

address/email

_____

_____

_____

message

_____

_____

_____

_____

guest

_____

address/email

_____

_____

_____

message

_____

_____

_____

_____

guest

_____

address/email

_____

_____

_____

message

_____

_____

_____

_____

guest

_____

address/email

_____
_____
_____

message

_____
_____
_____
_____

guest

_____

address/email

_____
_____
_____

message

_____
_____
_____
_____

guest

_____

address/email

_____
_____
_____

message

_____
_____
_____
_____

guest

_____

address/email

_____
_____
_____

guest

_____

address/email

_____
_____
_____

guest

_____

address/email

_____
_____
_____

message

_____
_____
_____
_____

message

_____
_____
_____
_____

message

_____
_____
_____
_____

guest

_____

address/email

_____

_____

_____

message

_____

_____

_____

_____

guest

_____

address/email

_____

_____

_____

message

_____

_____

_____

_____

guest

_____

address/email

_____

_____

_____

message

_____

_____

_____

_____

guest

_____

address/email

_____

_____

_____

message

_____

_____

_____

_____

guest

_____

address/email

_____

_____

_____

message

_____

_____

_____

_____

guest

_____

address/email

_____

_____

_____

message

_____

_____

_____

_____

guest

_____

address/email

_____
_____
_____

message

_____
_____
_____
_____

guest

_____

address/email

_____
_____
_____

message

_____
_____
_____
_____

guest

_____

address/email

_____
_____
_____

message

_____
_____
_____
_____

guest   *message*

_____   _____

address/email

_____   _____

_____   _____

_____   _____

guest   *message*

_____   _____

address/email

_____   _____

_____   _____

_____   _____

guest   *message*

_____   _____

address/email

_____   _____

_____   _____

_____   _____

guest   *message*

_____   _____

address/email

_____   _____

_____   _____

_____   _____

guest   *message*

_____   _____

address/email

_____   _____

_____   _____

_____   _____

guest   *message*

_____   _____

address/email

_____   _____

_____   _____

_____   _____

guest

_____

address/email

_____
_____
_____

message

_____
_____
_____
_____

guest

_____

address/email

_____
_____
_____

message

_____
_____
_____
_____

guest

_____

address/email

_____
_____
_____

message

_____
_____
_____
_____

guest

_____

address/email

_____

_____

message

_____

_____

_____

guest

_____

address/email

_____

_____

message

_____

_____

_____

guest

_____

address/email

_____

_____

message

_____

_____

_____

guest

address/email

message

guest

address/email

message

guest

address/email

message

guest

_____

address/email

_____

_____

_____

message

_____

_____

_____

_____

guest

_____

address/email

_____

_____

_____

message

_____

_____

_____

_____

guest

_____

address/email

_____

_____

_____

message

_____

_____

_____

_____

guest

_____

address/email

_____

_____

_____

message

_____

_____

_____

_____

guest

_____

address/email

_____

_____

_____

message

_____

_____

_____

_____

guest

_____

address/email

_____

_____

_____

message

_____

_____

_____

_____

guest   *message*

_____   _____

address/email

_____   _____

_____   _____

guest   *message*

_____   _____

address/email

_____   _____

_____   _____

guest   *message*

_____   _____

address/email

_____   _____

_____   _____

guest

address/email

message

guest

address/email

message

guest

address/email

message

guest

_____

address/email

_____

_____

_____

message

_____

_____

_____

_____

guest

_____

address/email

_____

_____

_____

message

_____

_____

_____

_____

guest

_____

address/email

_____

_____

_____

message

_____

_____

_____

_____

guest

_____

address/email

_____
_____
_____

message

_____
_____
_____
_____

guest

_____

address/email

_____
_____
_____

message

_____
_____
_____
_____

guest

_____

address/email

_____
_____
_____

message

_____
_____
_____
_____

guest

_____

address/email
_____
_____
_____

message
_____
_____
_____
_____

guest

_____

address/email
_____
_____
_____

message
_____
_____
_____
_____

guest

_____

address/email
_____
_____
_____

message
_____
_____
_____
_____

guest

_____

address/email

_____

_____

message

_____

_____

_____

guest

_____

address/email

_____

_____

message

_____

_____

_____

guest

_____

address/email

_____

_____

message

_____

_____

_____

guest   *message*

_____   _____

address/email

_____   _____

_____   _____

_____   _____

guest   *message*

_____   _____

address/email

_____   _____

_____   _____

_____   _____

guest   *message*

_____   _____

address/email

_____   _____

_____   _____

_____   _____

guest

_____

address/email

_____

_____

_____

message

_____

_____

_____

_____

guest

_____

address/email

_____

_____

_____

message

_____

_____

_____

_____

guest

_____

address/email

_____

_____

_____

message

_____

_____

_____

_____

guest   *message*

_____   _____

address/email

_____   _____

_____   _____

_____   _____

guest   *message*

_____   _____

address/email

_____   _____

_____   _____

_____   _____

guest   *message*

_____   _____

address/email

_____   _____

_____   _____

_____   _____

guest   *message*

_____

address/email

_____

_____

_____

guest   *message*

_____

address/email

_____

_____

_____

guest   *message*

_____

address/email

_____

_____

_____

guest

_____

address/email

_____
_____
_____

message

_____
_____
_____
_____

guest

_____

address/email

_____
_____
_____

message

_____
_____
_____
_____

guest

_____

address/email

_____
_____
_____

message

_____
_____
_____
_____

guest

_____

address/email

_____
_____
_____

message

_____
_____
_____
_____

guest

_____

address/email

_____
_____
_____

message

_____
_____
_____
_____

guest

_____

address/email

_____
_____
_____

message

_____
_____
_____
_____

guest   *message*

_____   _____

address/email   _____

_____   _____

_____   _____

guest   *message*

_____   _____

address/email   _____

_____   _____

_____   _____

guest   *message*

_____   _____

address/email   _____

_____   _____

_____   _____

guest

_____

address/email

_____
_____
_____

message

_____
_____
_____
_____

guest

_____

address/email

_____
_____
_____

message

_____
_____
_____
_____

guest

_____

address/email

_____
_____
_____

message

_____
_____
_____
_____

guest

_____

address/email

_____
_____
_____

guest

_____

address/email

_____
_____
_____

guest

_____

address/email

_____
_____
_____

message

_____
_____
_____
_____

message

_____
_____
_____
_____

message

_____
_____
_____
_____

guest

_____

address/email

_____

_____

_____

message

_____

_____

_____

_____

guest

_____

address/email

_____

_____

_____

message

_____

_____

_____

_____

guest

_____

address/email

_____

_____

_____

message

_____

_____

_____

_____

guest

_____

address/email

_____

_____

_____

message

_____

_____

_____

_____

guest

_____

address/email

_____

_____

_____

message

_____

_____

_____

_____

guest

_____

address/email

_____

_____

_____

message

_____

_____

_____

_____

guest

_____

address/email

_____

_____

_____

message

_____

_____

_____

_____

guest

_____

address/email

_____

_____

_____

message

_____

_____

_____

_____

guest

_____

address/email

_____

_____

_____

message

_____

_____

_____

_____

guest

_____

address/email

_____
_____
_____

guest

_____

address/email

_____
_____
_____

guest

_____

address/email

_____
_____
_____

message

_____
_____
_____
_____

message

_____
_____
_____
_____

message

_____
_____
_____
_____

Memories

Add photos, drawings, or mementos!

Memories

Add photos, drawings, or mementos!

Memories

Add photos, drawings, or mementos!

Memories

Add photos, drawings, or mementos!

Memories

Add photos, drawings, or mementos!

Memories

Add photos, drawings, or mementos!

Memories

Add photos, drawings, or mementos!

Memories

Add photos, drawings, or mementos!

Memories

Add photos, drawings, or mementos!

Memories

Add photos, drawings, or mementos!

Memories

Add photos, drawings, or mementos!

Memories

Add photos, drawings, or mementos!

Memories

Add photos, drawings, or mementos!

Memories

Add photos, drawings, or mementos!

Memories

Add photos, drawings, or mementos!

Memories

Add photos, drawings, or mementos!

Gift Log

Gift	Gift Giver Name/Contact Info

Gift Log

Gift	Gift Giver Name/Contact Info

Gift Log

Gift	Gift Giver Name/Contact Info

Gift Log

Gift	Gift Giver Name/Contact Info

Gift Log

Gift	Gift Giver Name/Contact Info

Gift Log

Gift	Gift Giver Name/Contact Info

© Copyright 2019 Be Our Guest Books. All rights reserved.
This book or parts thereof may not be reproduced in any form, stored in any retrieval system, or transmitted in any form by any means—electronic, mechanical, photocopy, recording, or otherwise—without prior written permission of the author or publisher.

Made in United States
Orlando, FL
17 July 2025

63061707R00063